This sticker books belongs to

....

....

Date started

....

This book is filled with all the stickers
I have worked hard to earn
at ....

....

Date

_____
_____
_____
_____
_____
_____

Date

_____
_____
_____
_____
_____
_____

Date

_____
_____
_____
_____

Date

_____
_____
_____
_____

Date
_____
_____
_____
_____
_____
_____

Date
_____
_____
_____
_____
_____
_____

Date
_____
_____
_____
_____
_____

Date
_____
_____
_____
_____
_____

Date

_____

_____

_____

_____

_____

_____

Date

_____

_____

_____

_____

_____

Date

_____

_____

_____

_____

Date

_____

_____

_____

_____

Date

_____
_____
_____
_____
_____
_____

Date

_____
_____
_____
_____
_____

Date

_____
_____
_____
_____

Date

_____
_____
_____
_____

Date

Date

Date

Date

Date _____

_____
_____
_____
_____
_____

Date _____

_____
_____
_____
_____
_____

Date _____

_____
_____
_____
_____

Date _____

_____
_____
_____
_____

Date

Date

Date

Date

Date

Date

Date

Date

Date

Date

Date

Date

Date

Date

Date

Date

Date

Date

Date

Date

Date

_____

_____

_____

_____

_____

_____

Date

_____

_____

_____

_____

_____

Date

_____

_____

_____

_____

_____

Date

_____

_____

_____

_____

_____

Date

_____

_____

_____

_____

_____

_____

Date

_____

_____

_____

_____

_____

_____

Date

_____

_____

_____

_____

_____

Date

_____

_____

_____

_____

Date _____
_____
_____
_____
_____
_____

Date _____
_____
_____
_____
_____
_____

Date _____
_____
_____
_____
_____

Date _____
_____
_____
_____
_____

Date

_____

_____

_____

_____

_____

_____

Date

_____

_____

_____

_____

_____

_____

Date

_____

_____

_____

_____

Date

_____

_____

_____

_____

Date

Date

Date

Date

Date

_____
_____
_____
_____
_____
_____

Date

_____
_____
_____
_____
_____

Date

_____
_____
_____
_____

Date

_____
_____
_____
_____

Date _____

_____
_____
_____
_____
_____
_____

Date _____

_____
_____
_____
_____
_____

Date _____

_____
_____
_____
_____

Date _____

_____
_____
_____
_____

Date

_____
_____
_____
_____
_____
_____

Date

_____
_____
_____
_____
_____

Date

_____
_____
_____
_____
_____

Date

_____
_____
_____
_____

Date

Date

Date

Date

Date

_____
_____
_____
_____
_____
_____

Date

_____
_____
_____
_____
_____
_____

Date

_____
_____
_____
_____
_____

Date

_____
_____
_____
_____
_____

Date _____

_____

_____

_____

_____

_____

_____

Date _____

_____

_____

_____

_____

_____

_____

Date _____

_____

_____

_____

_____

_____

Date _____

_____

_____

_____

_____

_____

Date

_____
_____
_____
_____
_____
_____

Date

_____
_____
_____
_____
_____
_____

Date

_____
_____
_____
_____
_____

Date

_____
_____
_____
_____

Date

_____
_____
_____
_____
_____
_____

Date

_____
_____
_____
_____
_____
_____

Date

_____
_____
_____
_____

Date

_____
_____
_____
_____

Date

_____
_____
_____
_____
_____
_____

Date

_____
_____
_____
_____
_____

Date

_____
_____
_____
_____

Date

_____
_____
_____
_____

Date

Date

Date

Date

Date _____

_____

_____

_____

_____

_____

Date _____

_____

_____

_____

_____

_____

Date _____

_____

_____

_____

_____

_____

Date _____

_____

_____

_____

_____

_____

Date _____

_____

_____

_____

_____

_____

_____

Date _____

_____

_____

_____

_____

_____

_____

Date _____

_____

_____

_____

_____

_____

Date _____

_____

_____

_____

_____

Date _____

_____
_____
_____
_____
_____
_____

Date _____

_____
_____
_____
_____
_____
_____

Date _____

_____
_____
_____
_____
_____

Date _____

_____
_____
_____
_____
_____

Date

_____

_____

_____

_____

_____

_____

Date

_____

_____

_____

_____

_____

_____

Date

_____

_____

_____

_____

_____

Date

_____

_____

_____

_____

Date _____

_____
_____
_____
_____
_____
_____

Date _____

_____
_____
_____
_____
_____

Date _____

_____
_____
_____
_____

Date _____

_____
_____
_____
_____

Date
_____
_____
_____
_____
_____
_____

Date
_____
_____
_____
_____
_____
_____

Date
_____
_____
_____
_____
_____

Date
_____
_____
_____
_____
_____

Date

_____
_____
_____
_____
_____
_____

Date

_____
_____
_____
_____
_____

Date

_____
_____
_____
_____

Date

_____
_____
_____
_____

Date

Date

Date

Date

Date
_____
_____
_____
_____
_____
_____

Date
_____
_____
_____
_____
_____
_____

Date
_____
_____
_____
_____
_____

Date
_____
_____
_____
_____

Date

_____
_____
_____
_____
_____
_____

Date

_____
_____
_____
_____
_____
_____

Date

_____
_____
_____
_____
_____

Date

_____
_____
_____
_____

Date

Date

Date

Date

Date

Date

Date

Date

Date

_____
_____
_____
_____
_____

Date

_____
_____
_____
_____
_____

Date

_____
_____
_____
_____

Date

_____
_____
_____
_____

Date

Date

Date

Date

Date _____

_____

_____

_____

_____

_____

_____

Date _____

_____

_____

_____

_____

_____

Date _____

_____

_____

_____

_____

_____

Date _____

_____

_____

_____

_____

Date _____

_____

_____

_____

_____

_____

_____

Date _____

_____

_____

_____

_____

_____

Date _____

_____

_____

_____

_____

_____

Date _____

_____

_____

_____

_____

_____

Date

Date

Date

Date

Date

Date

Date

Date

Date

_____
_____
_____
_____
_____
_____

Date

_____
_____
_____
_____
_____
_____

Date

_____
_____
_____
_____
_____

Date

_____
_____
_____
_____
_____

Date

Date

Date

Date

Date _____

_____
_____
_____
_____
_____
_____

Date _____

_____
_____
_____
_____
_____
_____

Date _____

_____
_____
_____
_____
_____

Date _____

_____
_____
_____
_____

Date

_____
_____
_____
_____
_____
_____

Date

_____
_____
_____
_____
_____
_____

Date

_____
_____
_____
_____
_____

Date

_____
_____
_____
_____
_____

Date

_____

_____

_____

_____

_____

_____

Date

_____

_____

_____

_____

_____

Date

_____

_____

_____

_____

Date

_____

_____

_____

_____

Date

_____
_____
_____
_____
_____
_____

Date

_____
_____
_____
_____
_____

Date

_____
_____
_____
_____
_____

Date

_____
_____
_____
_____
_____

Date

_____
_____
_____
_____
_____
_____

Date

_____
_____
_____
_____
_____

Date

_____
_____
_____
_____

Date

_____
_____
_____
_____

Date

Date

Date

Date

Date

_____
_____
_____
_____
_____
_____

Date

_____
_____
_____
_____
_____
_____

Date

_____
_____
_____
_____
_____

Date

_____
_____
_____
_____

Date

Date

Date

Date

Date

_____
_____
_____
_____
_____
_____

Date

_____
_____
_____
_____
_____
_____

Date

_____
_____
_____
_____
_____

Date

_____
_____
_____
_____

Date _____

_____

_____

_____

_____

_____

Date _____

_____

_____

_____

_____

_____

Date _____

_____

_____

_____

_____

Date _____

_____

_____

_____

_____

Date _____

_____

_____

_____

_____

_____

_____

Date _____

_____

_____

_____

_____

_____

Date _____

_____

_____

_____

_____

Date _____

_____

_____

_____

_____

Date

_____
_____
_____
_____
_____
_____

Date

_____
_____
_____
_____
_____
_____

Date

_____
_____
_____
_____
_____

Date

_____
_____
_____
_____
_____

Date _____

_____

_____

_____

_____

_____

_____

Date _____

_____

_____

_____

_____

_____

Date _____

_____

_____

_____

_____

Date _____

_____

_____

_____

_____

Date

Date

Date

Date

Date

_____
_____
_____
_____
_____
_____

Date

_____
_____
_____
_____
_____
_____

Date

_____
_____
_____
_____
_____

Date

_____
_____
_____
_____

Date

_____

_____

_____

_____

_____

_____

Date

_____

_____

_____

_____

_____

_____

Date

_____

_____

_____

_____

_____

Date

_____

_____

_____

_____

_____

Date

Date

Date

Date

Date _____

_____

_____

_____

_____

_____

_____

Date _____

_____

_____

_____

_____

_____

Date _____

_____

_____

_____

_____

_____

Date _____

_____

_____

_____

_____

_____

Date _____

_____

_____

_____

_____

_____

Date _____

_____

_____

_____

_____

Date _____

_____

_____

_____

_____

Date _____

_____

_____

_____

_____

Date

_____

_____

_____

_____

_____

_____

Date

_____

_____

_____

_____

_____

Date

_____

_____

_____

_____

_____

Date

_____

_____

_____

_____

_____

Date

Date

Date

Date

Date

_____
_____
_____
_____
_____
_____

Date

_____
_____
_____
_____
_____

Date

_____
_____
_____
_____
_____

Date

_____
_____
_____
_____
_____

Date

_____
_____
_____
_____
_____
_____

Date

_____
_____
_____
_____
_____
_____

Date

_____
_____
_____
_____
_____

Date

_____
_____
_____
_____
_____

Date _____

_____

_____

_____

_____

_____

_____

Date _____

_____

_____

_____

_____

_____

Date _____

_____

_____

_____

_____

Date _____

_____

_____

_____

_____

Date

_____
_____
_____
_____
_____
_____

Date

_____
_____
_____
_____
_____

Date

_____
_____
_____
_____

Date

_____
_____
_____
_____

Date

Date

Date

Date

Date

Date

Date

Date

Date

_____
_____
_____
_____
_____
_____

Date

_____
_____
_____
_____
_____
_____

Date

_____
_____
_____
_____

Date

_____
_____
_____
_____
_____

Date

_____
_____
_____
_____
_____
_____

Date

_____
_____
_____
_____
_____

Date

_____
_____
_____
_____

Date

_____
_____
_____
_____

Date

Date

Date

Date

Date

_____

_____

_____

_____

_____

_____

Date

_____

_____

_____

_____

_____

Date

_____

_____

_____

_____

Date

_____

_____

_____

_____

Date

_____

_____

_____

_____

_____

_____

Date

_____

_____

_____

_____

_____

_____

Date

_____

_____

_____

_____

_____

Date

_____

_____

_____

_____

_____

Date

Date

Date

Date

Date

_____

_____

_____

_____

_____

_____

Date

_____

_____

_____

_____

_____

Date

_____

_____

_____

_____

Date

_____

_____

_____

_____

Date _____

_____

_____

_____

_____

_____

Date _____

_____

_____

_____

_____

_____

Date _____

_____

_____

_____

_____

Date _____

_____

_____

_____

_____

Date

_____
_____
_____
_____
_____
_____

Date

_____
_____
_____
_____
_____
_____

Date

_____
_____
_____
_____
_____

Date

_____
_____
_____
_____

Date

_____

_____

_____

_____

_____

_____

Date

_____

_____

_____

_____

_____

Date

_____

_____

_____

_____

Date

_____

_____

_____

_____

Date

_____
_____
_____
_____
_____
_____

Date

_____
_____
_____
_____
_____
_____

Date

_____
_____
_____
_____
_____

Date

_____
_____
_____
_____
_____

Date
_____
_____
_____
_____
_____
_____

Date
_____
_____
_____
_____
_____
_____

Date
_____
_____
_____
_____
_____

Date
_____
_____
_____
_____

Date

_____

_____

_____

_____

_____

_____

Date

_____

_____

_____

_____

_____

Date

_____

_____

_____

_____

Date

_____

_____

_____

_____

Date _____

_____
_____
_____
_____
_____
_____

Date _____

_____
_____
_____
_____
_____
_____

Date _____

_____
_____
_____
_____
_____

Date _____

_____
_____
_____
_____
_____

Date

Date

Date

Date

Date

Date

Date

Date

Date

_____
_____
_____
_____
_____
_____

Date

_____
_____
_____
_____
_____
_____

Date

_____
_____
_____
_____
_____

Date

_____
_____
_____
_____
_____

Date

Date

Date

Date

Date

_____
_____
_____
_____
_____
_____

Date

_____
_____
_____
_____
_____
_____

Date

_____
_____
_____
_____
_____

Date

_____
_____
_____
_____
_____

Date

Date

Date

Date

Date _____

_____

_____

_____

_____

_____

Date _____

_____

_____

_____

_____

_____

Date _____

_____

_____

_____

_____

Date _____

_____

_____

_____

_____

Date

_____
_____
_____
_____
_____
_____

Date

_____
_____
_____
_____
_____
_____

Date

_____
_____
_____
_____
_____

Date

_____
_____
_____
_____
_____

Date

_____
_____
_____
_____
_____
_____

Date

_____
_____
_____
_____
_____
_____

Date

_____
_____
_____
_____
_____

Date

_____
_____
_____
_____

Date

Date

Date

Date

Date

_____
_____
_____
_____
_____

Date

_____
_____
_____
_____
_____

Date

_____
_____
_____
_____

Date

_____
_____
_____
_____

Date

Date

Date

Date

Date

Date

Date

Date

www.ingramcontent.com/pod-product-compliance
Lightning Source LLC
Chambersburg PA
CBHW071445030726
47593CB00012B/2266